APPARENCE

LIGNES

Marie-Claire Bancquart, *Mémoire d'abolie*
Partition Opportunité des oiseaux
Roland Busselen, *Là où va l'île, elle va*
Jacques Crickillon, *Retour à Tawani*
Pierre Dalle Nogare, *Récits des images*
Mal être
Patrice Delbourg, *Génériques*
Charles Dobzynski, *Table des éléments*
Délogiques
André Doms, *Lecture silencieuse*
Yann Gaillard, *La sirène du jardin des plantes*
Bernard Hreglich, *Droit d'absence*
Jacques Izoard, *Vêtu, dévêtu, libre*
Hubert Juin, *Le rouge des loups*
Visages du fleuve
Vénus Khoury-Ghata, *Les ombres et leurs cris*
Un faux pas du soleil
Anise Koltz, *La terre monte*
Alain Lance, *Ouvert pour inventaire*
Juan Liscano, *Les nouveaux jours*
François Montmaneix, *Le livre des ruines*
Paul Neuhuys, *Le pot-au-feu mongol*
Jean Orizet, *Niveaux de survie*
Jean Pache, *Lacunaires*
Marc Piétri, *Je me suis déjà vu quelque part*
Richard Rognet, *Les ombres du doute*
Jean Rousselot, *Les mystères d'Eleusis*
Où puisse encore tomber la pluie
Annie Salager, *Figures du temps sur une eau courante*
Osten Sjöstrand, *Sous le signe du verseau*
György Somlyó, *Que cela*
François Teyssandier, *Livres du songe*
Bernard Vargaftig, *Et l'un l'autre Bruna Zanchi*

JACQUES BOULERICE

APPARENCE

PIERRE BELFOND
216, boulevard Saint-Germain
75007 Paris

Si vous souhaitez recevoir notre catalogue
et être tenu au courant de nos publications,
envoyez vos nom et adresse, en citant ce livre,
aux Editions Pierre Belfond,
216, boulevard Saint-Germain, 75007 Paris.
Et, pour le Canada, à Edipresse 1983 Inc.,
5198, rue Saint-Hubert,
Montréal, Québec H2J 2Y3, Canada.

ISBN 2.7144.1941.5

à mon ami papa

« Il y a des rochers, il y a des arbres, des maisons, des champs. Il y a des hommes aussi, des femmes, des enfants qui jouent. C'est une beauté devant laquelle personne ne s'arrête, parce que c'est notre lieu, notre vie. »

J.M.G. Le Clézio, *L'inconnu sur la terre*

Un enfant joue sur la glace au bord de la rivière. Entre l'eau et l'enfant il n'y a qu'un verbe, un verbe mince comme un miroir, un petit verbe transparent et fragile : le verbe tenir sur lequel se tient l'enfant qui joue justement.

Un enfant de sept ans compte sur le mois de mars pour ramener l'été, les vacances et le parc Laurier ; c'est pourquoi il avance sur la glace molle, la glace morte, la glace coulante et c'est pourquoi il chante. Mais la rivière aussi sous ses pieds chante. Elle chante une chanson sournoise que l'enfant n'entend pas. De sous la glace, les mots ne sortent pas. Entre l'enfant et l'eau, il y a le petit miroir misérable et hypocrite du malheur, le miroir menteur qui promet et ne tient pas l'envers du mirage : un chemin sur l'eau, un chemin de roches blanches, un chemin de terre froide, un chemin de jeu d'enfant pour marcher sur la rivière. Entre l'enfant et l'eau, il y a un petit miroir hypocrite qui promet à l'enfant qui ne les aura jamais sept fois sept ans de bonheur. Entre l'eau froide et l'enfant encore chaud il y a le mot miroir et un pas de trop.

La glace casse, la glace brise, la glace éclate en mille morceaux, la glace fend, la glace rompt, la glace roule sur le dos. Et les enfants qui restent soudainement reculent en se tenant par la main. Puis ils courent, puis ils hurlent et crient et pleurent et gesticulent. Ils feront longtemps le dessin du visage sans teint qu'ils ont vu sur les morceaux du miroir misérable de la mort, le petit miroir à deux faces de la mort goulue, de la mort précoce, le petit miroir répugnant de la mort blafarde et hideuse qui pourrait au moins laisser les enfants se rendre à l'été, finir leur enfance et se rendre à l'été, fêter leurs huit ans sur l'herbe du parc Laurier.

Un enfant joue sur la glace au bord de la rivière. Entre l'eau et l'enfant il n'y a qu'un mot, un mot mince comme un miroir, un petit mot transparent et fragile : le mot vie, sur lequel se tient l'enfant qui joue présentement.

récits journaliers

Et c'est parti d'la rivière Richelieu
du cœur d'un homme qu'était cassé en deux
c'était tout p'tit effrayé par la nuit
c'était brisé, mais ça avait la vie.
Félix Leclerc, *Cent Chansons*

Il porte un veston élimé, un pantalon noir et ses cheveux sont rares. Il porte un veston et tient par les épaules une belle vieille dame en robe longue. Elle regarde le fleuve en direction de l'île d'Orléans, vers l'aval, puis se tourne soudainement vers l'homme pour prendre la tête blanche entre ses mains et l'embrasser, l'embrasser sur le front, sur la bouche, sur les joues et rire.

Les deux rient très fort.

Dévorent.

Le bois du banc sur lequel ils sont assis est luisant, patiné par le temps. Toute la scène aussi éclate et brille tellement que les passants détournent la tête devant la lumière crue de ces vieux amoureux à qui la tête tourne, ces vieux qui montent encore sur les chevaux du manège de l'amour fou et qui, comme on dit, s'amusent comme des fous, ces vieux qui dansent sur de la musique de pompier et trouvent que ça vaut mieux que les Valiums de la résidence pour vieillards, ces vieux qui connaissent depuis longtemps la chanson des bans publiés mais qui préfèrent celle des bancs publics et la chantent en sifflant le fond du verre, pour la route ; ces vieux dans des corps fatigués qui trouvent que le fond de l'air est frais mais que ça vaut mieux que les pantoufles tricotées en phentex et les bingos de l'ennui bien au chaud.

Le bois du banc sur lequel ils sont assis est usé par le temps, les planches de la terrasse sont déclouées et disjointes par l'hiver, le fleuve en bas s'épuise, rouille et durcit lentement sous les garde-côtes, mais leur bateau à eux, leur radeau, jour et nuit sans s'arrêter jamais glisse sur ce fleuve impitoyable et le salue. Trempés jusqu'aux os, accrochés à la mousse des planches, les doigts dans le bois pourri, ils regardent l'autre côté du fleuve et se tiennent par la main. Leur amour est un bateau-passeur.

Deux vieux sur un banc s'embrassent et bientôt disparaîtront dans la terre en riant.

L'abri du temps.

Devant la résidence « Le Tournesol », au coin de la Côte-Sainte-Catherine et de la rue Laurier, un vieil homme bouge, se démène et monte difficilement les marches.

Chaque fois qu'il lève son pied gauche — toujours celui-là d'abord —, son corps bascule vers l'arrière et frissonne.

Un peu plus bas, tout près de la première marche, des moineaux pépient et se poursuivent. L'homme ne tourne pas la tête pour les regarder et tire de toutes ses forces sur la rampe afin de se hisser sur la marche suivante, la marche suivante qui n'est pas encore la dernière.

Sa tête penchée oscille et il regarde ses mains osseuses qui tremblent aussitôt la rampe lâchée. Arrivé sur le palier, il se dirige vers la porte mais tout son corps reste agité. On dirait qu'il sautille jusqu'à l'entrée.

Les moineaux dans le gazon s'agitent et poursuivent le printemps jusque sous leurs ailes pendant que la lumière du mois d'avril s'excite sur leur manteau.

Epuisé, le vieil homme arrive à la porte. Son corps se redresse un peu. Les soubresauts n'ont pas cessé.

Les soubresauts n'ont pas cessé mais sur son dos il y a un petit sac, soudainement remarquable, un sac d'écolier, minuscule avec ses bretelles croisées et réunies sur l'estomac par la boucle de cuir si difficile à attacher pour des doigts d'enfant. Sur son dos, un petit sac d'écolier.

Au moment où il ouvre par à-coups la porte de la résidence, les oiseaux, brutalement, s'envolent.

Plusieurs lèvent du gazon et certains partent des marches. D'autres, ce n'est pas un rêve, sortent de son sac pour écrire à l'envers quelque chose dans le ciel.

Assis sur un banc de pierre entre la rue Aylmer et la rue Union, nous regardons couler la Catherine. Autour du banc ou sur le banc, assis ou appuyés, les gens parlent pour dire que c'est humide, que c'est effrayant comme il n'y a pas d'air et que ça pue quand l'autobus repart du coin de la rue Aylmer. Ça pue aussi la pisse autour des bancs.

Un homme en passant accroche son veston au chapeau de la borne-fontaine et le découd passablement. Il n'y a pas d'eau qui sort. Ni de la borne-fontaine ni des yeux de l'homme. Pourtant c'est un très beau veston. Ses parents sans doute ont cessé de le disputer quand il commet une maladresse. En tout cas il ne pleure pas mais rit plutôt très fort et cela ne choque ni les hommes ni les femmes qui marchent avec lui.

Pendant ce temps-là, un robineux s'est approché du banc avec des sacs de papier dans les bras. Il s'assoit et engage tout de suite la conversation. « Tu sais où c'est Rosemont. Sais-tu où c'est Rosemont ? Je marche depuis le matin, regarde mes souliers tout mouillés, Rosemont c'est loin. » Il demande aussi de deviner ce qu'il y a dans son sac. Pas celui de la bière, l'autre, le petit. Dans son sac il y a un coffret de plastique avec des timbres de 1967. Centenaire du Canada. Année de l'Expo. Il a payé ça dix piastres et veut le vendre pour de la bière ou du fort. « Sais-tu combien ça vaut ? Sais-tu à peu près combien ça peut valoir aujourd'hui ? Cent piastres ? » Il sort du gros sac une canette de bière et l'ouvre en éclaboussant et en laissant la mousse dégoutter sur le banc. « En mil neuf cent soixante-sept j'avais le goût d'acheter ça. C'est loin mil neuf cent soixante-sept, ça fait long-temps ça. Aujourd'hui, j'ai quarante ans. Ça doit ben valoir cent piastres aujourd'hui. Ça prend de la valeur en vieillissant ces choses-là. Cent piastres aujourd'hui, certain. » Une étrange croûte blanchâtre couvre le dessus de ses mains qui tremblent. « Sais-tu si Eaton va m'acheter ça ? » Il ne tremble presque pas lors-qu'il porte la canette à ses lèvres. Pratiquement pas, en buvant. « Tiens, j'ai d'autres choses aussi. Tu dois connaître ça, toi. » Il fouille dans sa poche et sort une pièce de monnaie. « C'est rare ça, c'est rare. » « Je pense que ça vient de mon père. C'était à mon père y'a longtemps. » Il demande combien ça peut valoir, et montre ce qui est imprimé dessus, l'année, le profil d'une tête d'homme.

Une tête d'homme avec une date en dessous. Combien ça peut valoir ? Combien la tête d'un homme peut-elle valoir sur son miroir à lui ? Combien pour quelques pièces, quelques morceaux de l'enfance oubliée, de l'enfance avortée ? Combien vaut ce que contient un poing fermé ? Que veut dire tout cela ? Combien la famille Eaton donnera-t-elle à cet homme pour le souvenir de son père ? La solitude des gestes flous dans la mousse de bière tiède et la détresse d'un enfant perdu dans des souliers trop grands et des culottes qui sentent le pipi. Combien pour que cet homme ne cherche plus l'eau du fleuve ? « i'm'donne rien, j'crisse tout ça au fleuve, au fleuve, crisse, au fleuve. J'suis fatigué mais je peux encore me rendre là. »

Des gens entrent chez Birks et chez Hemsley tout près. Ils achètent de grandes coupes en argent, des gobelets en étain, des verres en cristal et en métal riche. Ils achètent des verres en argent à prix d'or et cherchent aussi au fond ce que vaut tout cela, cherchent au fond des images de leur vie, de leur père, des images à briser ou à frotter, cherchent au fond de leur verre ce qui n'a pas de prix. Pas de prix pour des timbres de l'année de l'Expo, pas de prix pour le souvenir du père, pas de prix pour l'enfance, pas de prix pour la bière ou le champagne, pas de prix pour l'argent, l'argenterie, pas de prix pour la vie.

Au cinéma Parisien, de l'autre côté de la rue Union, on présente un film inspiré d'un livre de Charles Bukowski : *Contes de la folie ordinaire.*

Tôt le matin, dans les saules du Collège militaire, on entend les étourneaux s'égosiller. On voit aussi sur l'eau des poissons assez mal équipés pour voler et qui retombent lourdement après avoir raté une manne à la surface.

Des faux bourdons, des guêpes à chien cherchent entre les pierres et les algues sèches de quoi manger à bon marché.

Vent mort. A la surface de la rivière, des insectes patineurs trouvent que la glace est mince et s'énervent, s'agitent.

Les goélands là-haut se prennent pour Caruso, se prennent pour Tarzan, mais la voix n'est pas placée, pas placée du tout.

Derrière le talus derrière les arbres derrière la clôture, des jeunes gens se font de la musique en frappant avec des bâtons sur de la peau tendue, se font aussi la peau des pieds en marchant comme c'est

entendu, se font encore la peau du cou
     en gardant
     en gardant
     en gardant droite droite
     la colonne
     la colonne
     du trou du pet au trou du bec.

Pendant ce temps, presque sans cesse, montent du fond de la rivière des bulles, des bulles d'entre les pierres. Pendant ce temps, presque sans cesse, montent du fond de la rivière des bulles d'où sortent des éphémères.

Complexe Desjardins un jeudi après-midi, la foule
regarde l'eau d'une piscine lui rendre l'image d'une
scène et des gens qui s'y tiennent. Au micro, une
jeune fille blonde annonce,
annonce les piscines de la compagnie Kayak,
annonce le beau temps,
      ses cheveux, sa jeunesse,
annonce aussi l'année des handicapés,
      les mains qui n'ont pas poussé,
      l'enfance heureuse malgré tout,
      les bras qui se terminent en moignons
      et qui nagent, surnagent.
      « Voyez, voyez, dit-elle au micro,
      voyez, tout le monde peut nager, flotter,
      bouger, jouer dans l'eau,
      voyez cette jeune fille
      qui n'a pas de mains
      voyez comme elle nage
      et comme elle est heureuse dans
      l'eau de notre piscine. »

      Les gens regardent et applaudissent.
      La jeune fille blonde et belle, au micro
annonce
annonce la vie difficile,
      la vie sans bras pour serrer

sur son corps, sur son cœur
ceux qu'on aime

une jeune fille éblouissante annonce
le soleil qui luit également
sur toutes les piscines
et rappelle que justement elle va
procéder au tirage de celle-ci,
pour souligner la semaine de la natation
et l'année des handicapés.

Elle insiste et répète, demande à la personne qui possédera le bon numéro de bien lever la main et de s'avancer sur la scène qui sert de patio à la piscine offerte en prix.

Annonce, annonce.
Semaine de la natation.
Attention. Attention.
Année des handicapés.
Tout le monde peut jouer.
Tout le monde gagne.
Tout le monde gagne.

La jolie jeune fille plonge sa main dans un petit coffre de plexiglas, sa main fine des magazines, sa main breloque et vernie.

Elle brasse un peu les petits cartons et tire le numéro gagnant :
347 662
347 662
« Qui est l'heureux gagnant ?
« Qui est l'heureuse gagnante ?
« Que l'heureux gagnant ou l'heureuse gagnante lève la main et s'avance ! »

27

Juste à ce moment, la petite fille handicapée qui nage toujours entreprend quelques longueurs de dos crawlé. Son bras droit justement se soulève et sort lentement de l'eau, un bras au bout duquel il n'y a jamais eu de main, son bras d'os et de peu de peau.

Le grand tirage.
La loterie planétaire.

Dans tous les villages et toutes les petites villes du pays, les enfants connaissent et reconnaissent avec plaisir un sourd-muet qui s'appelle Fred, qui s'appelle Gus ou qui s'appelle Pit et qui salue simplement les gens en levant la main, qui salue souvent les enfants, qui salue du sourire ou de la main son monde, sa journée, son travail, le terrain de jeux ou le stade municipal.

Il n'a pas d'âge et pas trop de parenté connue. Pas de problèmes. Solide. Toujours là depuis toujours.

Il sait lire l'heure mais n'a jamais le temps de s'arrêter. L'hiver : la glace à pelleter, les patineurs à surveiller, cinq minutes à droite, coup de sifflet, cinq minutes à gauche, coup de sifflet, le sifflet aussi pour ceux et celles qui jouent à la tague ou qui font des courses sur la glace. L'été, c'est le terrain de jeux du petit matin à la brunante : il faut râteler le sable, sortir ou rentrer les balles, les bâtons, les buts, les fers et les crampons.

Chaque matin, même les enfants les plus matinaux le trouvent toujours au travail. « Salut, Ti-Gus ! » Les grands gestes, les parages, les pouces en l'air ou le V au bout des doigts. Et l'ami Gus fait de la tête toujours le même signe pour dire qu'il est là et que ça va sans doute comme va la vie. Tous les enfants lui tapent sur l'épaule en le croyant bien à l'abri. A l'abri des problèmes, à l'abri des mots, à l'abri du bruit et du temps ; sans âge, sans luxe et sans besoins, à l'abri du monde, à l'abri des grands.

Mais un de ces quatre matins, des enfants arrivent plus tôt encore que d'habitude au terrain de balle et trouvent Ti-Gus la figure appuyée sur la grosse broche de la clôture Frost, les doigts accrochés dans les trous au-dessus de sa tête, les bras écartés, les mains blanches blanches comme si, de toutes ses forces, seul, il empêchait le terrain de jeux de tomber, de basculer dans le vide. Il pleure silencieusement. Les enfants, étonnés, ne bougent pas, ne savent plus par quels gestes reprendre la journée, lui redonner son mouvement, son allure habituelle, le salut amical, la vie facile.

Devant eux, l'inaltérable Ti-Gus pleure sans bruit sa peine secrète. Pas de mots pour faire passer la douleur comme au voisin la dame de pique. A six heures et demie, un matin de juillet, une sorte de surhomme pleure, le visage sur le métal froid d'une clôture Frost. Une clôture à toute épreuve.

Au kiosque de renseignements de la place Bonaventure, un homme aux habits graisseux, les mains
grises sur le formica blanc du comptoir, répète sa
question à celle qui a réponse à tout et qui vend
aussi des billets de Loto-Québec.
        Renseignements
        Informations
        Place   Bonaventure
— « Deuxième porte à gauche »
— « Vous trouverez ça à la troisième boutique du
deuxième corridor à votre droite »
— « La prochaine exposition commence jeudi prochain. »
        Renseignements
        Bonne Aventure
    A gauche, à droite ou à l'étage ? Réponse à tout.
Passez. Présents. Clients à venir. Approchez, approchez. C'est gratuit. Posez une question à votre tour.
Merci. Bonjour.

    Au kiosque de la place Bonaventure, au centre de
la cohue, un homme fourbu, un homme au bout de
ses semelles pose depuis deux minutes toujours la
même question à la jeune femme qui regarde partout
autour d'elle et cherche un agent.

« Pourriez-vous me dire qu'est-ce qu'on fait ici ? »
« Pourriez-vous me dire ça, madame, qu'est-ce qu'on fait ici tout le monde ? »

Elle n'a pas de réponse, la dame, pas de réponse, et commence à paniquer devant autant de lassitude et de patience à répéter toujours la même question.

« Qu'est-ce qu'on fait ici ? Qu'est-ce qu'on fait ici ? »

Rien n'est prévu pour ce genre de question. Rien à dire. Rien à répondre à ça. Pas de renseignements là-dessus. Aucune information. Allez-vous-en. Arrêtez de poser cette question.

« J'ai faim, je suis perdu. Savez-vous où est mon père qui est mort il y a trente ans ?
« Et ma mère, la douce, la patiente ?
« Où sont mes filets à papillons et les nuits claires de mes dix ans, la ferme de mon grand-père et les vacances avec mes parents ? »

« Pourriez-vous me dire, madame, qu'est-ce qui s'est passé et ce qu'on fait ici ? »
« Pouvez-vous me dire, désespoir, qu'est-ce qu'on fait ici ? »

Au kiosque de renseignements de la place Bonaventure, une cartomancienne va crier et peut-être faire éclater les cristaux des machines à calculer, le verre des vitrines et les réponses de son cahier.

L'été, un inconnu parcourt la ville à l'aube, les parcs désertés et les petites rues endormies pour défendre un jeune chat attaqué par un gros matou à qui il manque du poil et qui s'en fout. Cet homme ramasse aussi les bouteilles de bière vides et les dépose dans une vieille poche de jute.

Le long de la rivière, le même homme lance aux goélands du pain, un mélange de silence et de cris trouvés plus tôt entre le chat debout et l'autre sur le dos. Cet homme étrange, assis sur les pierres, parle aux petites maubèches qui le saluent et aux hirondelles trop bien élevées pour répondre la bouche pleine. Il ne laisse pas non plus sur la berge de bouteilles abandonnées par la nuit.

Les pêcheurs du petit matin savent que ce solitaire connaît la rivière et le poisson, les pêcheurs du petit matin à qui l'homme indique chaque jour, selon le vent et la journée, où jeter l'hameçon. « Salut ! Salut ! A matin ça va mordre en bas des pêches à Thuot, dans les petits rapides. Vous m'en direz des nouvelles. » Ses amis les oiseaux et les pêcheurs du matin le regardent s'éloigner avec son sac de bouteilles.

L'homme jase en marchant, marmonne, murmure comme une prière continuelle, puis, près des écluses, s'assoit sur le seul banc occupé et continue à parler comme s'il n'y avait personne à ses côtés. Et pourtant il y a quelqu'un : une vieille dame aux petits yeux tristes et qui a le vertige à force de regarder l'eau couler. L'homme continue doucement à parler puis chante un peu quelques chansons, quelques belles chansons que l'autre avait bien oubliées, qui la font sourire et se lever et se souvenir aussi de chanter.

« Un pêcheur au bord de l'eau
abrité sous son chapeau
est heureux
et trouve la vie belle... »

L'homme, un peu après, reprend son sac sur son dos et rentre chez lui silencieux sous le soleil déjà haut.

Les gens, encore endormis, aigris, déjeunent en écoutant les mauvaises nouvelles de la veille et de la nuit. Par la fente de leurs yeux cireux ils voient passer cet homme avec son sac de bouteilles vides et disent que c'est un ivrogne, un robineux, un vaurien, que ça fait donc pitié et que le monde est rendu bien bas.

Sur la rive, une pierre brune et blanche avec des taches sous le ventre, une pierre qui marche sur de minces pattes, passe devant sans me saluer, fouille entre mes souliers. Un oiseau comme une pierre parmi les pierres du bord de l'eau, un oiseau qui balance sa queue sans cesse, un oiseau pressé, un oiseau nerveux.

    — « Pardon. Pardon. Rangez-vous un peu. Levez votre pied droit. Merci. Merci. Ne vous dérangez pas plus qu'il ne faut. Juste un peu. Juste un peu. Par ici encore un coup de bec. Un peu d'eau plus loin, la mousse sur les pierres humides. La rivière baisse et l'été fuit. Un peu d'eau plus loin et je reviens. »

La pierre-oiseau sur pattes fines plonge son bec à l'eau, relève la tête et s'enquiert :

    — « Rien à manger dans le sac là près de vous ? Pomme ? Fromage ? Granola ? Granola, c'est la santé. J'ai des petits tout près d'ici dans le nid qui ont bon appétit. Bon. Merci. Je n'insiste mie. Tassez le pied. Il faut vivre le plus vite possible. Tout surveiller. Tout prendre. Tout ce qui vit se fait du souci. Et puis partez. Partez. Partez donc d'ici, je vous en prie. »

L'oiseau soudain s'envole. Ses ailes arquées, cour-
tes, fortes, frappent presque l'eau. De chaque côté de
la tête un éclair comme dans un dessin d'enfant. Cette
pierre, d'une ère à l'autre, est taillée par le temps.

L'édifice désaffecté a au moins cinq étages et je me demande ce qu'il fait sur le toit à sept heures du matin. C'est samedi et les rues sont pratiquement désertes encore. De la rue des Remparts, je suis probablement le seul à le voir s'avancer sur le vieux papier goudronné, usé, percé, troué. Il n'enfonce pas. Il ne fait pas le poids et le sait.

C'est une toiture à gouttière centrale et autour du tuyau de décharge s'accumule le verre et les bouteilles brisées, lancées du haut des remparts. Il s'éloigne des tessons et des canettes sans remarquer que de jeunes chats s'y amusent et font bouger la lumière dans le tas. La mère sort de l'un des trous du toit et les appelle fort, mais il ne prête aucune attention ni aux chatons, ni à l'appel, ni aux autres trous autour de lui.

Rendu au bord du toit, au bord du vide, bien au bord, il s'arrête sans vaciller. La démarche dodelinante jusque-là est remplacée par une immobilité incroyable. Le corps à moitié dans le vide ne bouge absolument pas. Puis il se décide. Il s'abandonne et se laisse tomber.

Ni les chatons ni la mère n'ont levé la tête. Ni la mère ni les chatons ne l'ont vu basculer. Les gens non plus apparemment, assez nombreux maintenant, ne trouvent rien de particulier à voir un pigeon s'envoler.

Un homme solitaire marche sur la terrasse Dufferin. Il marche et parle beaucoup, parle fort. Il rage
et il pleure, il parle fort et sait fort bien ce qu'il dit.
Que la lune n'est pas un fromage et qu'elle voyage
sans bagages, qu'elle est sage comme son image. Que
le château n'est pas un râteau, que les tourelles ne
sont pas des chandelles et que le malheur n'a pas
d'heure, pas d'heure pour arriver et pour partir non
plus n'a pas d'heure.

Un homme parle haut et fort et pleure très distinc-
tement dans son mouchoir :
« Maman ! maman ! que fais-tu depuis que tu es
morte autant comme autant ? »
Cet homme gesticule et crie, lève le poing au ciel
et maudit les âmes de l'enfer et celles du paradis.

Un homme solitaire parle tout seul et les gens
sourient. Un homme déparle et les passants rient. Ils
se moquent entre eux de celui qui parle au ciel et à
la terre, hurle à la lune et pleure après sa mère. Il
sait pourtant ce qu'il dit. Que le mot faim ne rime
pas avec vomi, que si la nuit est noire c'est que la
lumière est partie et que la vie est interminablement
pourrie.

Un homme seul raconte des sornettes aux traversiers et pose des devinettes aux madriers. Il parle au fleuve, au fond du fleuve pour l'inviter et aux bateaux pour les couler. C'est du monde comme tout le monde. C'est du monde comme le monde qui regarde, s'amuse et se moque de lui. C'est un humain pareil à ceux qui vont doucement aussi sur la terrasse, devisant du malheur et de la nuit fraîche, discutant de la mort et du prix des pêches, c'est du monde comme tout le monde, comme tous ceux qui préparent dans leur tête, pendant que l'autre parle, la phrase à dire pour faire semblant de poursuivre, de continuer la discussion. Un homme, mal habillé, soliloque et fait rire de lui par tout le monde. Pourtant, c'est justement du monde comme tout le monde. Justement. Il parle tout seul et puis ? C'est à peine plus évident pour lui.

Parler de tout, de rien, en attendant le médecin. Silencieuse, la salle d'attente est insupportable. Il faut parler, parler en regardant la porte close, capitonnée, étanche.

Un homme qui n'a pas pris soin de vérifier si son voisin n'attend pas le médecin pour un problème de surdité, parle, parle et ne ramasse pas non plus les bâtons rompus sur le plancher.

« Cinquante-six métiers, cinquante-sept misères — Marchand, boucher, vendeur d'onguent, ramasseur de papier, plombier volontaire dans une maison d'handicapés — Une femme qui a des varices plein les jambes — Pied du lit levé — Une crampe de temps en temps, terrible, dur à son corps — Genou enflé gros comme le bras — Façon de parler — De l'eau là-dedans, de l'eau et du sang — D'autres plaies qui piquent — Ça élance et ça suinte — Une aiguille jusqu'à l'os — Ça gratte — Douleur — Soulagement — Coucher par terre — Dur à son corps — Dormir malgré tout — Dormir — Et suivre la parade — Faut bien. »

Le médecin sort de son bureau et l'homme qui parle encore, continue à parler en s'adressant maintenant à lui plutôt qu'aux patients.

« Drôle de temps — Jamais vu ça — Fermiers découragés — Rivière terriblement haute — Terrains pas drainés — Genou plein d'eau — Ça suinte — Souffrance — Pas plaignard. »

Le médecin le salue et l'invite à entrer dans son bureau. De la main seulement. Il enjambe difficilement les mots qui traînent et s'entassent sur le tapis. L'homme qui parle toujours se met soudainement à dire et à répéter très fort qu'on vient à bout de vivre. Au moment où il pénètre dans le bureau, il crie presque.

« On vient à bout de vivre. On vient à bout de vivre, hein docteur ? »

La porte se referme sur la question, capitonnée, étanche.

Décembre, peu avant Noël.

Il tombe du ciel un petit verglas, une pluie froide qui gèle sur le trottoir et dans les rues de la ville, une pluie qui gèle sur les épaules et pèse. Personne ne sort l'auto du garage. Personne ne songe à magasiner.

Les rues se lissent, se lèchent la patte en attendant le bruit, le cœur des cartes de crédit et les pieds qui cherchent les plus belles claques.

C'est la soirée des pauvres, la soirée de ceux qui marchent en regardant le trottoir, ceux qui ne sont pas pressés, ceux qui retiennent les noms de familles, défrichent les parentés et saluent silencieusement. C'est la soirée de ceux qui n'ont pas d'auto et pas de beaux paletots mais plutôt sur les épaules cette pluie froide et dans les poumons cette mauvaise toux. Ils passent par les ruelles menaçantes et ne craignent pas les petits voyous détrousseurs. Ils passent par le parc mal éclairé parce que la neige y semble aussi bonne que le lit de la chambre la plus éloignée de la fournaise.

En décembre quand il fait mauvais, à Noël quand il fait trop froid dans les cadeaux trop chers, les pauvres s'ennuient d'une autre fête, d'une autre pluie, d'une autre neige.

Il tombe du ciel un verglas, une pluie qui gèle sur les épaules et pèse.

Décembre. Noël sans feu ni lieu.

Des curieux, des flâneurs regardent un cortège funéraire se former devant la Résidence LeSieur et Frères. Cravatés, fardés et postichés, oscillant, bringuebalant et faisant la queue, les proches et les lointains attendent la dépouille et le départ du cortège.

Un individu observe en même temps que moi les dames et les messieurs prendre le rang à la place assignée. L'homme cependant décrit à haute voix, commente ce qu'il voit et amicalement présente à ses voisins les personnes qui forment le défilé. Il parle fort mais je n'entends pas toujours très bien ses commentaires et ses présentations. — Leclerc ou Boisclair ? Lorrain « auto part » ou « auto pattes » ? Chapelet ou Châtelain ou peut-être chafouin ? Vendeur d'autos ou professeur, gros bonnet ou petite tête, il semble tous les connaître intimement et les présente semblablement.

Personne pourtant ne le salue et chacun regarde ailleurs. Sans l'éviter vraiment, les regards ne s'arrêtent pas à cet homme anonyme, ordinairement vêtu, cet homme ordinaire et anonymement vêtu. A l'ombre de l'enseigne du café voisin, chez « Merlin l'Enchanteur », cet homme presque chauve, presque gris, presque fondu dans ses souliers soudainement s'agite et désigne dans le cortège un homme d'affaires bien connu dans la région, un ex-député. « Philodor ! C'est Philodor ! L'as-tu reconnu ? Hein ? Cré Philodor ! On vieillit, on vieillit... »

Il tire assez fort ma manche, s'arrête, insiste pour que je l'écoute bien et me dit qu'ils ont acheté ensemble, lui et Philodor, il y a déjà pas mal longtemps. Philodor, les gros camions, la pierre, le sable, le ciment, les élections, la carrière et les affaires, le gravier fin, le concassé, le temps passé, les belles années. Je dévisage celui qui me parle ainsi, je fixe les yeux de cet homme qui, après avoir « acheté avec Philodor », a préféré, comme il dit, le naturel, la vie comme elle vient. « Ça prenait trop de temps, entretenir ça, trop d'attention. Trop compliqué. Je l'ai laissé. »

L'inconnu continue à désigner la tête de Philodor et moi, soudainement, je trouve beau le choix de cet homme qui, un jour, a préféré l'anonymat aux affaires payantes, la vie simple et douce à la fortune. Personne ne le connaît et pourtant son excitation ne ment pas, il « a acheté en même temps que Philodor », puis il a préféré revenir à « plus de simplicité ». Cet homme mérite d'être mieux connu et son histoire d'être divulguée.

Je l'écoute maintenant très attentivement. J'attends aussi qu'il baisse la main pour la lui serrer. Il continue cependant de pointer son index en direction de la tête de Philodor, exactement. « Dire qu'on a acheté en même temps, Philodor et moi. Mais j'ai bien fait de mettre ça de côté, de laisser tomber. T'es jeune, toi, mais souviens-toi de mon conseil : c'est mieux de prendre la vie comme elle vient. Puis de toute façon, regarde, regarde bien, juste derrière les oreilles, là, ça paraît que c'est une perruque. J'ai bien fait d'arrêter de la porter. Ça paraît toujours, une perruque. Autour des oreilles ça paraît toujours. »

« *Pièce pour flûte seule* » de Jacques Ibert

Les bancs de la cathédrale sont presque tous occupés lorsque le flûtiste s'amène, salue et attaque.

C'est doux et vite charmant. Les têtes s'inclinent, les mains se posent sur le ventre et le ronron à peine perceptible passe d'une rangée à l'autre. Les vieux tombent les premiers, ceux de douze ou de quatre-vingt-douze ans. C'est bon de se laisser prendre, de se laisser distraire, se laisser porter par la musique rafraîchissante, rassurante. Un peu de salive déjà sort du coin des lèvres de certains.

Mais le soliste quitte un peu la source tranquille de la musique sourde et grimpe dans l'aigu des pierres froides. Des yeux se dessillent, s'ouvrent et s'inquiètent un peu. Il avait pourtant l'air gentil, ce jeune homme, bien coiffé, bien habillé, belle tenue, belle personnalité. Que veut-il prouver avec ce changement de ton ? Les corps se redressent, se raidissent et les têtes se tournent vers les têtes pour témoigner de leur agacement en grimaçant.

De fait, le musicien s'emballe et bientôt des gens dans l'église cherchent à se boucher les oreilles des deux mains. D'autres quittent leur banc en parlant fort pour manifester leur mécontentement. Le flûtiste ne respire plus, en tout cas c'est imperceptible, et il souffle, souffle dans la traversière qui crie et fait des trous dans la pierre. C'est continu et perçant. Les auditeurs se sauvent vers les portes et atteignent le porche en hurlant. Le musicien pourtant a éloigné la flûte de sa bouche depuis quelques secondes et s'inquiète mais personne n'arrête puisque de toute manière le son s'amplifie. On se pousse en criant au secours dans le sifflement qui emplit l'église et les premiers qui atteignent la porte centrale l'ouvrent toute grande. Alors, formidable, la sirène d'une ambulance s'engouffre à l'intérieur et achève de déchirer l'air de la cathédrale.

Après avoir préparé un voyage sur la lune avec ses amis de la classe de maternelle, une petite fille pleure dans les bras de la jardinière et refuse de tirer sur la manette en carton sans avoir prévenu sa maman qui l'attend pour dîner à MIDI JUSTE.

En réalité, sous la ville où rouillent les autos, un jeune cadre comateux attend sur la première marche d'un escalier roulant qu'un moteur tourne et fasse bouger ses pieds. Déjà le béton lézardé suinte mais rien n'est véritablement prévu en cas d'éternité.

Pendant ce temps dans la rue, les moteurs toussent et l'air bleu monte vers les balcons gris, gris comme le teint des surpris du cœur. Au troisième étage d'une résidence pour vieillards, un homme assis derrière une rampe cherche dans le brouillard du septième ciel logé-nourri les prénoms de ceux qui ont changé sa terre pour une Corvette et un rêve en Floride. Après avoir raboté le pays, les mains blessées, la peau meurtrie — « tu te pisses sur les mains mon petit gars, tu te pisses sur les mains pour que les ampoules guérissent vite » — après avoir payé le pays en clôture de roches à chaque printemps, après avoir mangé jusqu'au souvenir de la misère, un homme derrière ses yeux n'arrive pas à se convaincre d'une réalité où quelques inconnus lui proposent un cours de danse sociale et deux soirées de bingo par semaine. « J'peux pas croire, j'peux pas croire. » Ses poings ne trouvent plus les bras d'aucune berçante. Les cataractes poussent du mauvais côté de l'œil.

En face, un peu plus haut, des jeunes filles tapent à la mitraille des offres d'assurances sur la vie. Aux aguets, tous les mots patientent dans les machines. A la pause café, personne n'arrive plus à finir une phrase. Parfois quelqu'un lève la main ou répète distraitement que la vie est étrange et que. Même en tendant les bras, le bout des doigts n'atteint que la paye régulière pour se garantir un bel avenir. Qui parle encore de vivre ici ?

Ne quittez pas. Ne quittez pas. L'interphone annonce que quelqu'un au dernier étage va sauter, va tomber dans l'oubli une fois pour toutes et chercher le fond du décor désespérément. Une voix invite les gens aux fenêtres. La vie nous réserve toujours des surprises. Approchez ! Approchez ! Il n'y a qu'à ouvrir les yeux avant de reprendre le travail ; quelqu'un veut toucher de ses rêves fous les vérités mouvantes, les réalités qui attendent derrière les portes de cette vie à claquettes. Debout. Assis. Couché. Dormez de toutes les façons loin de la terre qui pourtant répond encore aux étoiles dans la nuit inventée de toutes pièces. Chacun son picotin, la couverture tirée par-dessus la tête. Cette planète est un alambic qui ne donne plus, elle siffle en sol dans l'espace et ne trouve plus la sortie. Approchez de la fenêtre ! Approchez ! Celui qui tombe fouille le temps, le presse et tente de le prendre en défaut d'usure.

Cette chaise berçante sur un balcon ne bouge plus que pour l'idée même de l'absence. Prières. Prières. Le mystère ne présente pas toujours son beau profil. De l'autre côté du rideau, sur un mur de la chambre, une jeune femme sourit depuis mille neuf cent vingt et de la lumière sort du mince cadre de bois qui entoure la photo. Prières des fleurs et du vent, lumière autour du lit d'un vieil homme qui refuse de quitter sa chambre. Prières aussi pour celui qui n'arrive plus à sortir de terre. C'est l'entonnoir du monde, pas de prise sur les parois.

A cinq heures et demie, un matin de juin à Saint-Mathias, une femme dans sa roseraie, tout de vert vêtue avec un chapeau rouge à fleurs doubles, ne bouge pas d'une feuille.

Qui peut nous convaincre d'une réalité ?

Sur la terrasse Dufferin, deux femmes attendent que le traversier soit au milieu du fleuve pour le photographier. « Ce sera chouette », dit la plus jeune. Du côté de Québec justement le bateau tarde à s'éloigner du quai, à larguer les amarres. « Alors il fait grève quoi ? »

Derrière le banc sur lequel elles sont assises, un jeune homme chante « Sous les ponts de Paris » en s'accompagnant à l'accordéon. La plus âgée des deux lit « France-Soir » en fredonnant. La chanson terminée, le bateau-passeur est au milieu du fleuve et la jeune prend sa photo. Elle se tourne ensuite, en même temps que son amie, vers l'accordéoniste qui présente une autre chanson. Elles trouvent que c'est vachement bath Québec, que le ciel est splendide et que le Cap Diamant porte bien son nom.

Le jeune homme chante une chanson de Vigneault, « Loin de mes pays, de mes amis, de mes amours... » et les femmes se mettent à parler de la France, des parents, des amis là-bas dont on s'ennuie un peu tout de même et qu'il fera bon retrouver. La chanson de son côté continue « ... et c'est un oiseau qui prendra ma place quelque part. » Les dames se lèvent et s'éloignent. Aussitôt des pigeons s'approchent du banc.

« Seul sur des chemins
      qui vont au bout de mes beaux jours
Je m'en vais nommer
            le monde à mon tour. »

Les paroles des chansons, c'est certain, méritent une bien plus grande attention.

Place Desjardins, le midi, toutes les filles sortent d'un tiroir un petit sac de papier d'où émerge parfois une paille, un chalumeau.

Il y a dans ce sac de quoi boire et manger un peu. Un sandwich au jambon, quelques fruits et une canette de boisson gazeuse.

Sans bouger les épaules, aussitôt sorties du bureau, elles descendent les escaliers qui ronronnent et ne regardent leurs pieds qu'à la dernière marche, au moment où elle disparaît sous le peigne d'aluminium.

Treize places sur treize bancs apparaissent avec des visages en panne.

Il y a dans le petit sac de quoi boire et manger. Il n'y a pas de quoi parler, pas de perron, pas de voisin. Il n'y a pas de musique dans les yeux, personne n'invite personne à s'asseoir, il n'y a pas d'appétit, pas de cœur à ça, pas de mains qui tendent un verre à la santé, pas de bras autour du cou, pas de souvenir à conserver, pas de photo à prendre. Il n'y a même pas l'ombre d'un couple.

Il est une heure.

A la boutique *Les Amoureux*, il y a des vêtements unisex à vendre et dans tous les bureaux des lettres inutiles à dactylographier. Il y a du pain sur la planche, des dents creuses, des clients affamés.

Il y a des centaines de petits sacs de papier dans les poubelles et presque autant de pailles dans les mauvaises soudures de la stupeur et de l'hébétude.

Une autre journée dans les limbes.

Demain, la plus jeune vendeuse, la plus timide secrétaire échappera son café sur les fronces de sa jupe. Peut-être aussi sur sa blouse. Un peu de café. Pas trop chaud. Juste pour voir.

Un homme usé, à moitié ivre, s'approche d'un enfant qui joue près de ses parents sur les plaines d'Abraham. Il regarde l'enfant et lui tend la main. Il ne sait pas quoi dire à cet enfant qui lui sourit alors il reprend les mots qu'il répète toujours depuis quelques années lorsqu'il tend la main, il les reprend sans le vouloir, et les mots sortent tout seuls de sa bouche :

« As-tu vingt-cinq sous ? C'est pour manger. C'est vrai, j'ai faim. C'est pour manger, là c'est vrai. Ça fait deux jours que j'ai pas mangé. »

L'enfant regarde sa mère, regarde son père et regarde ensuite le monsieur sans comprendre les mots. Le père se lève et se dirige vers l'homme, le poing fermé. Son poing est fermé sur un peu d'argent qu'il donne à l'autre. Les deux hommes se regardent et quelqu'un dit : « Va jouer plus loin. »

Quelqu'un a dit d'aller jouer plus loin mais impossible de savoir qui a parlé vraiment. Le père, l'inconnu, le vent, le soleil, l'enfant, la mère ? Qui a dit « Va jouer plus loin » ? Toujours est-il que l'homme à moitié ivre, à moitié sobre, penche un peu le haut de son corps vers le tout-petit et ajoute que c'est une bonne idée, comme en le saluant ou en saluant cette idée maladroitement. « Oui, une bien bonne idée. Jouer plus loin. Jouer un peu plus loin. »

Alors il demande à l'enfant de lui lancer le ballon avec lequel il s'amusait tantôt. C'est un petit ballon rouge avec des gros pois blancs dessus. Il parle trop lentement et articule mal mais il répète du mieux qu'il peut : « Lance le ballon au monsieur. Lance-moi le beau ballon rouge si tu veux. » L'enfant se penche, prend le ballon rouge avec des pois blancs dessus et le lance maladroitement. Le ballon roule et se rend aux pieds de celui qui l'attend. Lentement. On dirait qu'il hésite et qu'il n'arrivera jamais mais il finit par toucher le pied droit du vieil homme. Celui-ci se penche par à-coups, par secousses, tombe à plat ventre, se met à genoux, respire un peu puis se relève complètement et ajuste ses pieds au sol.

Il a pris le ballon dans ses bras et observe l'enfant qui sourit, il a pris le ballon et le lance doucement vers le petit de manière à ce qu'il arrive aussi, après quelques bonds, aux pieds de l'enfant sans que ce dernier l'ait perdu des yeux et de sorte qu'il puisse rire un peu. Rire du mouvement dans l'espace, de la couleur sur le gazon et sans doute aussi d'un vieil homme qui tient mal son équilibre.

De fait, l'enfant rit et tape soudainement des mains. Le ciel est bleu clair et le soleil couleur beau soleil sur un dessin d'enfant. Les oiseaux cherchent du pain autour des tables et chantent comme on leur a appris.

Le vent porte des goélands et les nouvelles d'une fleur à l'autre. Les voiliers sur le fleuve louvoient et les chiens sur la terre avancent de travers.

Chancelant, l'homme s'éloigne à reculons en faisant tata avec sa main gauche, sa main où il y a de l'argent, l'argent qui tombe pour rien. L'homme s'éloigne à reculons en regardant le ballon, le ballon qui ne va pas jouer plus loin.

Place d'Armes, le musicien ambulant amuse les petits et pas les grands. Un clown à claviers, un homme au bout de ses cordes pour faire chanter les enfants. Guitare devant, banjo au repos, ruine entre les babines et grosse caisse sur le dos, les cymbales et les flûtes à poire, des grelots, des histoires et la grosse caisse sur le dos, la trompette pendue au cou, l'ocarina et le gazou ; mon Dieu, qu'il fait chaud avec la grosse caisse sur le dos.

Un peu plus haut, de l'hôtel chic sort un monsieur avec ses cliques. Souliers à crampons, bermudas à carreaux, chemise à pois et gros sac sur le dos, petit parasol, bois numéro un, fer numéro sept et gros sac sur le dos, bois numéro trois, chapeau green, fer numéro neuf et bras télescopique pour les balles à l'eau ; mon Dieu, qu'il fait chaud avec ce gros sac sur le dos. Un peu plus haut, de l'hôtel chic sort un autre amuseur public.

Voyez, voyez, bonnes gens, il y en a pour les petits et il y en a pour les grands.

Le fleuve est magnifique. De l'autre côté du chemin des calèches, une pente raide mène à l'étonnante profondeur de cette fosse effrayante même pour les nuages qui y tombent parfois et deviennent des voiliers.

L'eau joue au tictactoc avec la lumière et efface à mesure ses cercles pour que la partie ne s'arrête pas, l'eau dolente et encore douce jusqu'à l'île d'Orléans, l'eau amarrée aux rocs de chaque rive.

Des dizaines de gens sur les bancs ou autour des tables se relaient pour admirer le spectacle et surtout pour que le fleuve ne s'évanouisse pas au pied du cap Diamant. Ils veillent, surveillent, contemplent et prient d'une certaine manière.

Puis un couple arrive dans sa monstrueuse maison roulante sur laquelle on peut lire le mot « FRON-TIER », une maison roulante avec son antenne de télé pliée, ses lits pliants, sa table pliante, et sa propriétaire qui ne peut plus se plier. Un couple est arrivé devant le fleuve en maison plutôt qu'en auto, à vélo ou à pied, un couple en maison roulante avec une glacière encastrée, un poêle encastré et un propriétaire à qui il manque la première syllabe.

Il sort le premier de la maison et attend sa femme qui hésite devant la marche. Une fois sur terre, les deux s'éloignent de quelques pas et s'assoient sur un banc qui longe le chemin. Ils s'assoient exactement devant le mot « FRONTIER » qu'ils regardent sur la tôle émaillée de leur maison roulante, derrière laquelle le fleuve a complètement disparu.

C'est un jongleur extraordinaire. Il jongle avec trois balles : une blanche, une rouge et une bleue qui ne monte jamais au-dessus de nos têtes.

C'est un jongleur extraordinaire. Il jongle sans arrêt, jour et nuit, il jongle pour ceux qui dorment, il jongle pour ceux qui pleurent, pour les petits, pour les grands, pour ceux et celles, pour le plomb et pour les ailes.

C'est un jongleur extraordinaire qui ne laisse jamais ses mains paraître, ni sa tête ni ses bras, un jongleur invisible derrière la ligne de l'horizon.

C'est un jongleur extraordinaire dans le silence et dans le noir qui lentement lance le soir sa balle blanche, sa balle comme un fromage, sa balle comme un Pierrot échappé dans le ciel, assis sur son sourire.

C'est un jongleur extraordinaire qui lance à l'aube à l'est, à l'heure toujours, sa balle rouge, et toutes les feuilles toutes les fleurs tout le jour la suivent en fête.

C'est un jongleur patient, qui a lancé sa balle bleue il y a longtemps et nous laisse marcher dessus en criant que le spectacle est mauvais, que nous avons d'autres choses à faire que de regarder des balles descendre et monter, en criant que nous avons des tapis à vendre, des manteaux de pluie et des chapeaux gris, de la poudre et des canons, du TNT et des bombes à neutron, en criant que nous n'avons pas de temps à perdre avec les couleurs, la musique, les mots pour dire, les mots pour vivre, pas de temps à perdre avec les enfants qui veulent tout revoir et applaudir toujours, les enfants qui aiment rire. On a trop de choses à vendre. Trop de choses à vendre. Des enfants surtout à vendre, à donner en prime avec les tapis, les manteaux de pluie et les munitions.

C'est un jongleur patient, qui a lancé sa balle bleue, énorme boule dans l'espace, et nous laisse marcher dessus, marcher dessus partout, la salir en criant qu'il n'y a pas de jongleur, en criant en criant comme des perdus qu'il faut plus de poudre encore, plus de poudre dans les balles, et plus de feu dans la poudre. En criant comme des perdus.

C'est un jongleur extraordinaire et trop patient.

Les deux otaries du Jardin des Merveilles nagent dans leur bassin en attendant l'heure du prochain spectacle. Trente minutes à tourner, à glisser dans l'eau avant le retour du dresseur et de sa chaudière luisante pleine de morceaux de poissons, sa chaudière qui brille au soleil comme la rampe derrière laquelle déjà les gens s'entassent. Les otaries nagent dans le bonheur, merveilleusement, exactement comme la vie leur a appris.

Nombreux, les papas et les mamans arrivent avec les petits qu'on installe le plus près possible de la clôture en plexiglas, sur le bout du bout du premier banc libre, pour mieux voir le spectacle. Puis, les parents discutent sans trop s'occuper des enfants, parlent avec le voisin, la voisine, sans regarder l'eau du bassin ni les animaux qui y évoluent. Ils disent qu'ils sont arrivés tôt pour avoir les meilleures places, disent que c'est tout de même long à passer une demi-heure et cherchent l'ombre, se retirent. Ils fixent les aiguilles immobiles d'une horloge de bois qui marquent quatorze heures et souhaitent que le spectacle, malgré l'horaire, commence avant quatorze heures. Ils cherchent l'ombre, s'éloignent du bassin en reculant, ils cherchent à passer le temps. Ils disent toutes sortes de choses à propos de rien, de l'été, du parc Lafontaine, du temps, et qu'il faut bien s'occuper en attendant.

Les enfants, eux, qu'on a laissés au gros soleil parce qu'ils ont des petits chapeaux, placent tout de suite une main au-dessus des yeux pour mieux voir les otaries, pour mieux les suivre dans l'eau lumineuse de la piscine. Ils s'étonnent et signalent aux parents distraits, distants, les plongeons spectaculaires ou les virages épatants de ces créatures éblouissantes. Parmi eux, il y en a même un qui spontanément se met à applaudir. Il applaudit lentement, de façon très appliquée, et les otaries sortent la tête de l'eau juste devant lui pour répondre simplement. L'enfant applaudit naturellement. Il suit la lumière noire dans la lumière blanche, les gestes appris et perfectionnés depuis des milliers d'années, les mouvements parfaits de ces corps qui bougent dans l'eau. L'enfant les encourage tant et si bien, les félicite et les applaudit si chaleureusement que d'autres autour de lui l'imitent et manifestent fort leur émerveillement. Formidable, chaque coup de nageoire leur arrache des cris et des battements de mains.

Les otaries répondent et glissent et sautent et plongent. Elles observent ces enfants qui n'attendent pas le dresseur, ni quatorze heures, ni midi, ni la consigne pour applaudir. Elles se demandent aussi à quel moment de leur vie les humains se mettent à chercher l'ombre et les mots froids, à quel moment les tout-petits changent leurs yeux pour des tibias.

en réalité

En d'autres mots, fiston,
cramponne-toi —, ne chavire pas,
ne perds pas l'équilibre, ne regarde
pas la réalité comme des images
en carton — ni dans la lumière
brunâtre de cette cuisine.

Jack Kerouac, *Mexico city blues/1*

Nous sommes les personnages d'un conte qu'un auteur étrange n'arrive pas à finir.

Cet auteur n'est pas un ordinateur fou : il y a trop de champs libres, trop de pissenlits goulus, de choux gras et de chicorée sauvage.

C'est peut-être un vieil homme qui parle tout seul parce qu'il est toujours seul et qui se souvient dans son corps de vieil homme de la chaleur des chansons de sa mère,
de son père et des jeux de patience.

Cul par-dessus tête dans l'ouragan de ses peines et de ses ricanements, nous sommes peut-être plongés dans le récit d'un vieil homme qui a perdu le contrôle des saisons.

Mais il y a trop de clous tordus dans les murs, trop de tôles sourdes sur les journées rouillées, trop de pétrole dans les veines du monde et trop de sang sur la terre.

71

A moins que ce soit un enfant égaré dans la fièvre qui cherche le ciel de son récit et nous lance, fous raides, sur le jeu de drapeau entre le ballon chasseur et la guerre des étoiles pendant que les quatre coins du terrain, lointains pulsars, se sauvent en cherchant le centre où naissent sans cesse les éléments du récit. Peut-être sommes-nous dans le rêve d'un enfant ?

Ou encore, ailleurs, autre part, au milieu de sa solitude à finir, une femme étendue retient sa respiration au côté d'un homme qui ronfle, bouche ouverte. Elle reprend le cycle de cette histoire de sang et nous y pousse comme des sondes pour découvrir le pire et le meilleur, le pire et le meilleur. Peut-être sommes-nous dans le silence tendu d'une femme ?

Mais il y a trop de corridors étroits, trop de sentiers battus, pavés, trop d'écoles grises, trop de petites morts sous les roues des autobus, trop de soirées tristes à entendre le voisin roter sa bière.

Nous sommes les personnages d'un conte qu'un auteur étrange n'arrive pas à finir.

Peut-être est-ce la lumière simplement qui s'amuse à faire du sable et du vent pour y tracer des lettres, des mots, des phrases, le plus curieux roman ? Peut-être la lumière s'amuse-t-elle à faire du temps avec l'eau salée que nous sommes ? Peut-être s'amuse-t-elle à faire du temps, du beau temps et de la vie ?

Nous sommes les personnages d'un conte au laser et anonyme.

Pour le moment.

Laissons du moins entrer dans nos yeux la lumière de chaque mot.

Pour le moment.

Les photos de demain dorment déjà sur des plaques sensibles, dans des albums empilés, entassés dans des dépôts merveilleux, des magasins magiques. Les entrepôts du temps. Déjà dans ces mystérieux albums, sur ces photos silencieuses, il manque des visages aujourd'hui avec nous, présents et animés. Il manque sur ces photos de demain des visages aimés et trop peu caressés aujourd'hui. Lequel partira d'abord ? Lequel, lequel faut-il prendre le premier, lequel faut-il embrasser avant que les taciturnes photos à venir ne l'effacent, ne le plongent dans leur inexorable silence ?

Partout dans nos tiroirs, dans les armoires et les carrousels de diapositives, il n'y a que du passé, photos d'hier, photos bavardes, intarissables et accusatrices, albums dénonciateurs et volubiles ; quelles figures avons-nous abandonnées, lesquelles avons-nous déjà oubliées dans nos prières, nos prières païennes de buveurs de bière nostalgiques, quelles figures avons-nous mal et peu embrassées vivantes et si parfaitement oubliées mortes ?

Les véritables voyantes ou les cartomanciennes utilisent du papier de marque Kodak, elles ne craignent ni l'acide des révélateurs, ni la noirceur, ni la lumière rouge des chambres étanches où les vivants apparaissent et disparaissent sans raisons ni véritables points de repère. Parfois simplement, à l'endos du papier glacé, une date et un prénom : « 1975, Adrien devant la maison. Un an avant. Exactement. Le 16 octobre. »

Des mots, des noms et des dates sur le dos du papier, sur le dos de ceux et celles qui restent avec des piles d'albums de photos pour finir la vie, les grandes journées de solitude, les longues soirées de silence dans la petite chambre du foyer ou les sept pièces de la maison déserte. A l'endos du papier glacé, une date et un prénom : « 1975, Adrien devant la maison. Un an avant. Exactement. Le 16 octobre. » Une sensation de glace brisée dans le dos, des yeux embrouillés, des noms et des dates à effacer : il n'y a plus de place que pour le passé. Des armoires et des armoires de photos silencieuses vont continuer à dormir. Il n'y a plus de temps que le temps passé.

Tout était là pourtant depuis le début, sur des photos secrètes, les photos de demain dans les tiroirs pleins du futur : les dates, les noms, les mystérieuses apparitions dans les landaus et les soudaines disparitions dans le décor. Tout était là depuis le début dans d'effrayants carrousels de diapositives ou sur des plaques de zinc. Tout est encore là, dans la lumière et la trace des êtres sur du papier, sur du métal ou dans la pierre. Tout est toujours là, à prendre ou à laisser, à aimer, à aimer ou à oublier. Les délicates transformations de la matière attendent toutes sur des photos cachées. Les traces d'un jeu jamais démodé. Le grand parchési de la lumière.

L'air se raffermit et prend.
Les oiseaux dessus
s'appuient, gagnent le printemps.

Jaune. Jaune. Tout bouge plus lentement qu'avant.
Rouge. Blanc. Stop. Rien ne remue plus.

Martin-pêcheur est allé dérouler son cri ailleurs en riant et en jouant de la crécelle.

Les hirondelles des granges ont loué toutes leurs maisons à l'hiver qui profitera de la solidité d'icelles pour prolonger son séjour jusqu'en avril.

Quelqu'un pour le moment est en train de découdre l'été, de troubler le soleil qui lève moins haut, moins vite et se cache derrière un panneau. La circulation ralentit. Le sang dans les veines épaissit.

Deux jeunes enfants derrière une petite fenêtre dans une moyenne école avec une grande peur.

D'autres enfants partout, têtes tournées vers les carreaux qui laissent entrer heureusement les érables du terrain d'en face, les beaux érables de l'été.

Tellement d'enfants, tellement d'enfants, assis, immobiles, égarés, effarés, en rangée ; un pupitre, un enfant, une chaise, un pupitre, un enfant, une chaise. Des enfants qui se demandent pourquoi les grands n'ont rien trouvé de mieux que d'apprendre aux petits à se tenir sur une chaise, leur apprendre maladroitement à graver leur ennui sur des bancs.

Souvent, un érable juste devant l'école commence à rougir en septembre au moment de la rentrée scolaire, curieusement. Les érables rougissent facilement mais pas les grands.

La chose est connue, c'est quand les arbres sont en feu que les marrons tombent et que les enfants se poussent, se tirent. Il faut trouver les plus gros, il faut cueillir les plus durs pour jouer aux noix de douleur, aux châtaignes ou aux casse-cogne.

L'idée est connue, le jeu est simple : il s'agit de percer le marron, d'y enfiler une corde et un lacet et de l'attacher solidement. Le nœud, en dessous, doit être large et résistant pour empêcher le fruit de filer, de tomber. Le jeu est simple et bien connu.

La chose est entendue, deux adversaires s'affrontent avec, au bout de leur corde, chacun un marron, le plus gros, le plus dur qu'ils ont pu trouver, le plus rond ou le plus plat, chacun a sa théorie pour l'empêcher de casser. Parce que, la chose est connue, il s'agit de frapper.

Celui ou celle que le sort a désigné tient fermement la corde où pend son marron immobile. L'autre, alors, se sert de sa propre châtaigne comme d'un fléau. Il la fait tourner au bout de sa ficelle pour frapper le marron dormant de l'adversaire. Tant que le coup porte, que les marrons se touchent, se choquent, l'attaquant continue à taper, à s'acharner sur le fruit solide en espérant le fendre ou le faire péter.

La chose est connue, lorsque le garçon ou la fille qui vise l'autre le rate, les rôles s'inversent et l'attaquant devient l'attaqué, celui qui attendait vole maintenant, tourne, siffle dans l'air et se laisse tomber, celle qui subissait jusque-là les coups de l'autre, furieusement assaille et veut tout casser.

Le jeu est connu et largement pratiqué. Les enfants s'amusent par deux, ils frappent à tour de rôle et s'énervent un peu, se défoncent mutuellement juste pour rire, se font des marrons fêlés, se font des châtaignes éclatées. Le jeu est connu et largement pratiqué.

Certains procédés sont défendus, mais comment vérifier dans la noix de chacun si le cœur est durci, si le cœur est truqué ? Certains le trempent dans l'huile rance, d'autres les bourrent de colle blanche, certaines remplacent le cœur par de la silicone ou le laissent sécher au soleil même s'il a mauvaise odeur. Certains procédés sont bien sûr défendus, mais comment vérifier le cœur de chacun ?

La chose est connue et acceptée : celui des deux qui voit son cœur éclater s'éloigne, pendant que l'autre prend son âge et cherche un nouveau compagnon de jeu. Celui des deux qui perd parfois ramasse ses morceaux et toujours s'en va, au bout de sa corde un nœud, au bout lui-même de son rouleau. Certains se cherchent et se refont, essaient encore un autre marron. Toujours des coups et des châtaignes, des trous dans le cœur et de la peine. Dans la région, on appelle ça des noix de douleur. La chose est connue. Tout le monde un jour perd et personne longtemps ne gagne. On s'entend là-dessus.

Une autre neige.
Une autre neige pour nous rappeler dans
le conte annuel.
Une autre neige pour changer le son de la
voix, changer aussi l'allure du pas, du toit,
de la petite journée et de la nuit si vaste.
Une autre neige encore sur ce pays imaginé :
« Il était une fois, dans un royaume étrange,
la nuit blanche... »
Encore une autre neige de jouvence dans le
bain tombeau.
Une autre enfance.

Vent raide mort.
La fumée monte des cheminées,
aspirée par les étoiles déjà gelées
qui tètent les pailles invisibles de la nuit,
fument les rouleuses au papier noir
et respirent la mauvaise herbe de l'hiver,
la bourrure de boghei,
la dope des villes dans le froid sec.
Soleils fixes.

Une tranchée dans chaque rue. Un tuyau au fond de chaque tranchée, un gros fil creux de plastique glissant, gluant, puant. Partout dans la ville, un réseau de fils, un circuit complexe et raffiné. Certains disent que c'est pour le gaz et trouvent ça naturel. Ça m'inquiète. J'ai surpris l'autre matin la personne responsable de l'installation de cette toile souterraine. C'est une araignée velue avec un gros derrière et un front jaune tout le tour de la tête. Probablement aussi du jaune sur le dessus de la tête mais elle est énorme et je n'ai pas voulu m'approcher. Je l'ai bien vue cependant, l'araignée, ce matin-là, noire et jaune, entre les branches de l'érable mort du terre-plein, peu après l'aube, l'araignée qui piège la ville du matin au soir, désespoir, du soir au matin, qui piège la ville en plein jour et à la nuit noire. Pour le gaz, disent certains. Je crois plutôt qu'elle annonce du chagrin.

Le parc voisin, le square, se plaint sous les semelles de février pendant que la lumière d'un lampadaire sile et gémit ou chante un peu aussi pour rien ni pour personne, simplement pour faire du bruit, pour se rassurer en sifflant dans la nuit.

La peur est couchée sur les bancs de bois, sur les bancs de béton, sur les branches de bouleaux blancs qui ne bougent pas. La peur a mis son chapeau pointu sur les épinettes et s'est étendue, s'est allongée lentement avec la neige. L'effroi jusque dans les nœuds du frêne. Même minuit se tait en invitant le petit lampadaire peureux à l'imiter au plus tôt.

Une oreille fine pourtant pourrait entendre la réponse des étoiles, leur chant commun, la même note soutenue, le même son à peine audible entre ciel et terre, le plain-chant tranquille de la confrérie des réverbères célestes, les incroyables becs de gaz, les grands lampadaires paisibles.

« La rivière à la pluie réagit bien », disait une hirondelle en ajoutant que l'eau du ciel est un somnifère. Août.

Lorsque la pluie tombe, aussitôt la rivière se gonfle et brouille un peu son eau comme dans ce conte où une vieille femme désirait avoir un enfant.   Septembre.

Une feuille rouge ne fait pas l'hiver, dit la rivière, et regardez plutôt ce soleil dans les arbres ! Rangez vos chaloupes et vos canots si vous voulez, frileux, frileuses, rentrez chez vous, je resterai.   Octobre.

A l'automne, elle chante à torrent « Il pleut, il pleut, bergère », se propose de défier l'hiver et oublie toujours de rentrer ses moutons, oublie la fin de la chanson. La rivière est sur le « pot local », du québécois de qualité. Elle se gèle aux feuilles de peuplier. Novembre.

Rendue et ronchonneuse, la rivière se recroqueville dans son lit, se couvre tant qu'elle peut et tire sur sa vieille courtepointe ou sa douillette duveteuse. Elle manque toujours de laine pour une plus grande couverture et sommeille en maudissant les derniers mots de la chanson si sournoisement soucieux de ses moutons. Décembre.

« Ça prend le temps que ça prend, reprend l'hirondelle, je vous l'ai dit, la rivière réagit bien à la pluie et l'eau du ciel est un somnifère. Ceci est un autre message enregistré que vous ne prenez pas le temps d'écouter. Sous la neige la rivière rage et prépare avril en ce moment. Elle réagit mal à l'hiver et le froid qui tombe du ciel est un stimulant. Mais vous n'écoutez pas une hirondelle puisque vous croyez qu'elle ne fait pas le printemps. »

A quel calendrier obéit le monde ? Le temps des bas de laine, le temps des cartes de crédit, le temps d'une « bonne guerre », le temps des robes longues ou des cravates larges, le temps de la bêtise prête à porter, le temps des étoiles ou le temps des charniers, le temps des cache-corset et des jupons à volants, le temps des danseuses nues sur la table, le temps de l'encens et des églises bondées, le temps du bingo et des salles paroissiales, le temps des joints ou le temps du gros gin, le temps des chiens ou celui de la vermine, temps de Tarzan ou temps de Bécassine, c'est le temps d'aller nu-tête ou c'est le temps d'aller nu-cul, l'homme est un pense-bête, un thermomètre sans rien dessus.

Sur l'étroite passerelle
d'une rive à l'autre
    — qu'on nomme la vie, la vraie vie —
dans cette éternité décomposée
en facteurs premiers du rêve,
pendant que les marchands d'étoupe
hurlent dans des haut-parleurs
et trafiquent leurs produits surgelés,
des hommes et des femmes à voix basse
parlent.

    Parlent de repos, de fleurs de trèfle,
  de souvenirs d'enfance
et se taisent.

Des femmes écoutent
plus bas que les cris des camelots chauves
le chant de la rivière qu'elles traversent
    depuis toujours
des hommes aussi attendent la nuit,
le doux délire d'avant la délivrance.

Sur l'étroite passerelle
qu'on nomme la vie, la vraie vie,
des hommes et des femmes marchent toujours
entre l'éther et l'oubli.

Le pont-levis est monté et les preux,
les désespérés plongent dans les douves en espérant
quelque chose qu'ils ne savent plus nommer.
Le pont-levis du cœur des femmes
et celui aussi du cœur des hommes, fermé, fermé ;
chaînes rouillées, treuil fixe, château silencieux,
ennui étanche, bonheur imprenable.
L'énorme peur et le petit pont mobile
du cœur qui compte les coups à la porte et les
amours à l'eau.

L'eau d'avril
        comme une longue caresse
        comme une langue lèche
glisse sur l'herbe.

La saison change ses draps.

Ouvre tes yeux, fiston,
les grives te saluent le matin
la tête dans le chaume
et la fraîcheur de l'aube.

L'été, lui, cherche ses yeux
dans le bois du saule.

Sur les bancs de la bande du canal
les vieux s'arrêtent et fixent une pierre dans l'eau.
Pourtant, c'est la rivière qui les regarde passer.

La rivière immobile.

Déçu par une photo, par son portrait sur un vieux bout de carton, déçu par le vide chronique, par sa photo et l'absence remarquable, les poupées russes à louer pour d'autres formes creuses, un homme se regarde dans un album de photos, se reconnaît et pourtant ne se retrouve guère. Il tourne les pages, les coins usés, la crise, la glace à couper sur la rivière, le papier à photo glacé, tout se mêle, tout est mêlé, le papier plié qui ne rappelle rien, puis la guerre, l'enfer des uns d'ailleurs qui fit le bonheur des usines d'ici, des obus dans l'estomac, du gruau dans les écuelles, des grumeaux aussi parfois dans les corps troués où le sang gèle, le carton cassé, les pages d'un autre album, les photos taciturnes, puis la couleur sur du papier luisant, des enfants neufs, des photos rassurantes et chaudes, les pique-niques sur l'herbe de juillet, des enfants sur des balançoires, la tête renversée en arrière, puis des plus grands, des plus loin, des trop pris, des absents, des partis.

Un homme tourne des pages pleines de photos et regarde cette vie étrange, la sienne. Il cherche dans les dernières des morceaux habités puis ferme l'album et se dit qu'il devrait bien, une fois pour toutes, tirer son portrait.

Des mamans, des papas, des grand-mamans, des grands-papas poussent des petits landaus, des poussettes, des pousse-pousse et des voiturettes.

Un grand-papa meurt. Un enfant attend dans sa voiturette que quelqu'un le pousse au soleil, que quelqu'un le pousse, le tire, l'invite au soleil.

Les grands-papas parfois perdent un peu la mémoire. Les grands-papas, les grand-mamans certains jours oublient le nom des enfants, en nomment trois pour trouver Jean. Les grand-mamans, les grands-papas oublient les mots qui vont de soi. « Où est ma pipe, où sont mes lunettes ? Te souviens-tu, mon vieux, si les enfants ont pris toutes les photos ? C'était dans la boîte de chocolat Laura Secord. Y'a longtemps que je l'ai vue. C'était dans la vieille armoire. L'armoire a disparu. Et d'autres ont vidé les tiroirs. »

Les grands-papas oublient parfois l'heure et la journée d'hier, les grand-mamans oublient de prendre leur sirop ou alors en prennent beaucoup trop. Les

grand-mamans passent des mailles — les grand-
mamans à l'envers, à l'endroit, à l'envers à l'endroit.
Les grands-papas ne tremblent pas, c'est le tournevis
qui bouge et la vie qui est injuste.

Les grands-papas parfois oublient le nom de leur
tabac — du Grand Rouge au miel — et cherchent
et cherchent et ne trouvent que rutabaga. Ils oublient
de se coucher, de fermer la télé, ils oublient le cœur
et son métier, ils finissent parfois par oublier de se
lever, de se lever.
Les grands-papas c'est bien pour dire, parfois, finissent par oublier de vivre.

La rue Laurier, entre Foch et Saint-Paul, se prend pour un boulevard et n'en fait qu'à son nom. Une large bande de terre sépare ceux qui s'en vont de ceux qui s'en viennent. Les deux groupes sont faciles à distinguer car les premiers s'éloignent toujours des seconds. Malgré l'évidence et la simplicité du principe, des gens disent exactement le contraire. Curieux.

C'est pourtant simple. Sur le terre-plein de la rue Laurier au coin de Saint-Paul, ceux qui s'en vont ont laissé une statue du Sacré-Cœur qui ouvre grand les bras sur l'entrée des marchandises d'un magasin Provibec. Ceux qui s'en vont ont placé au-dessus de la tête du Sacré-Cœur une auréole de métal qui ne s'allume plus le soir malgré les douze douilles encore fixées dessus. Ils ont sorti de la poitrine de ce Jésus un gros cœur rouge et l'ont laissé ainsi devant les passants, devant les gens, devant les marchands, le cœur rouge sorti du corps, le cœur gros devant tout le monde. Ils ont fermé ses yeux et sont partis. Ils ont fermé ses yeux pour que son cœur ne devienne pas trop gros et sont partis louer Dieu ou sont partis chez Provigo.

Sur le terre-plein de la rue Laurier juste avant la voie ferrée et la rue Foch, ceux qui s'en viennent ont laissé un beau canon de l'armée canadienne qui présente sa bouche ronde au maréchal. Ceux qui s'en viennent l'ont repeint dernièrement et les lettres blanches P-A-I-X ne transparaissent à peu près pas malgré la bonne idée couchée là-dessous. Ils ont tiré du ventre de ce canon des lettres d'amour froissées puis les ont abandonnées au vent, les feuilles pêle-mêle poussées par terre, les feuilles un instant soulevées et qui retombent, lettres mortes. Ils ont roulé ses grandes roues à rayons et se sont assis par terre. Ils ont roulé ses roues jusqu'à la voie ferrée pour ne pas manquer le train, ni le bruit ni l'enfer qu'il fait, ils ont roulé ses roues devant le monde et maintenant attendent.

La rue Laurier, entre Saint-Paul et Foch, se prend pour un boulevard et n'en fait qu'à son nom. Une large bande de terre sépare ceux qui s'en viennent de ceux qui s'en vont. Les deux groupes sont faciles à distinguer car les seconds s'éloignent toujours des premiers. Malgré l'évidence et la simplicité du principe, des gens disent exactement le contraire. Des fous.

La vie n'est pas d'abord une histoire de cœur mais une histoire de parole.
La vie est une histoire de parole.

Les mots lisent de loin la vie et flottent dans le plomb du typographe bien avant la place publique.

Au commencement le Verbe. Le Temps. Au commencement. Au début. AVANT le début. Le temps. AVANT LE TEMPS.

— « Je m'excuse, je suis arrivé avant le temps. »
— « C'est absolument impossible. Les pompiers vont vous arroser. »
— « Puisque je vous le dis. Je suis arrivé *avant le temps*. »
— « Alors là, si vous le DITES, ça change tout. »

Les mots lancés ne s'effacent pas. Du papier bien sûr ils s'effacent mais partout où ils n'ont pas été tracés, écrits, ils ne disparaissent jamais. Il n'y a rien à faire. Les mots changent tout. Vous connaissez l'expression « Ça change tout », c'est de là que ça vient. Les mots lâchés, les mots perdus, les mots échappés, dans la vie changent tout.

— « Pardon, je ne voulais pas dire ça. »

— « Oubliez ces paroles. C'est parti tout seul. »

Trop tard. C'est dit. C'est fait. Tout est changé.

— « Vos rideaux ont ben changé, hein, madame Chalifoux. »

— « Le soleil, vous savez ce que c'est. »

— « Oui, *parlez-moi-z'en pas.* »

Ici l'auteur précise que c'est madame Plamondon qui a commencé. Alors de quoi se plaint-elle ? Pourquoi demande-t-elle à son amie de ne pas lui en parler ? Et puis si les rideaux bleus sont devenus gris, ce n'est pas tant à cause du soleil mais bien des mots. Avant que quelqu'un parle des rideaux, ils étaient comme neufs. Ils commençaient à peine à tamiser la lumière. Mais c'est très sensible des rideaux. Un mot et ça change. Soudainement de vieux rideaux.

— « Vous êtes donc ben blême, monsieur Chalifoux. »

— « Blême ? »

— « Oui. Vous êtes donc ben blême. Un vrai drap. Vous sentez-vous mal ? »

Monsieur Chalifoux n'a rien dit, a bougé un peu. A peine.

Monsieur Chalifoux est mort sur sa chaise. Bien sûr il y aura toujours des gens, des tas de gens, pour dire qu'ils l'ont vu tantôt à l'épicerie du coin.

— « Chalifoux ? Ben voyons, y'est pas mort, je viens de le voir chez Duquette. »

Mais Rosario Chalifoux est un homme mort. Dans la rue, devant la télé, au bout de sa canne, errant, perdu dans le bruit des Kawasaki. Monsieur Chalifoux est un homme mort.
Les mots changent tout.
Regardez. Regardez.
Il ne reste dans les bibliothèques que le catalogue des marchands Rona et quelques faites-le-vous-même de la bêtise.
Les mots changent tout madame Chalifoux. Tirez vos rideaux.
Les mots changent tout monsieur Chalifoux. Vous souvenez-vous de vos enfants ?
Les limbes se cherchent un saint Nicolas dans le saloir du monde.
Les mots ont tout changé.
Tirez vos rideaux, délicatement.

Regardez.

On va se laisser là-dessus.

Débarras du rêve le long du talus.

Les fonds de cours de balançoires rouillées.

L'équilibre entre le fleuve et la falaise.

Le pari de reconnaître un paysage familier la nuit.

L'écriture sur une feuille qui fait tout ce que le train fait.

Le paysage des deux côtés de la fenêtre panoramique.

Le rêve avec des porteurs qui tiennent les souvenirs par le coude.

Les chemins « à vos risques » qui grimpent la voie ferrée.

Les clôtures à refaire d'un bout à l'autre de la terre.

Le cèdre qui ne pourrit pas vite et le temps qui ne s'en fait pas.

Un enfant aussi beau que son reflet dans la nuit qui le salue.

Des barrières ouvertes sur des clôtures de pierres.

Des passages interdits fréquentés le soir.

Un vieux chariot attaché par des chaînes neuves à des gares désertes.

Des panneaux-réclames à l'intention des passagers de Via Rail.

Des bunkers mystérieux coulés le long du chemin de fer.

Un pays par en arrière en cimetières d'autos.

Un tracteur qui laboure et tourne la terre, la page, la
   saison.
Un pays multiplié par ses oiseaux.
Un soleil garanti à vie.
La terre en rangs.
La voie ferrée.

Tous les camions qui reculent ou s'apprêtent à le faire ont maintenant appris à imiter le chant de la tourterelle triste. Ils le font cependant avec une voix de furet et à un rythme trop rapide pour qu'on les confonde vraiment. Le vol aussi est très différent. Surtout chez le camion d'ordures ménagères dont la queue courte et le déplacement par à-coups sont faciles à identifier. Le risque de confusion est plus grand avec l'étourneau sansonnet, lui-même imitateur médiocre et charognard.

Dans la ville un vieillard attend dans une chambre où il n'y a qu'une chaise. Un homme dans la vie n'a plus qu'à attendre dans sa chaise. Il songe que c'est aujourd'hui son anniversaire et pense que tout le monde l'a oublié. Il *sait* que tout le monde l'a oublié. Dans cette vie ou dans l'autre dont il doute jusqu'au fond de son chapelet.

Et tout le monde ici l'a vraiment oublié, véritablement. On ne peut que l'imaginer, perdu dans les corridors de la prière, par milliers.

Une belle nappe de lin sur une petite table ronde. Dessus la table, une vieille lampe et deux photos dans leur cadre de carton jaune. Il y a longtemps que l'abat-jour de la lampe ne compte plus les ampoules brûlées, les plis de la nappe et les coups de l'horloge.

Une femme se berce près de la table.
Tous les soirs elle se berce derrière une porte.
Numéro 317—
Il y a longtemps aussi qu'elle a cessé de compter.

Pourtant
je me lave les cheveux,
je me lave les cheveux
chaque matin du Bon Dieu
et de l'Hydro-Québec.
Je me lave les cheveux
souvent deux fois par jour
avec beaucoup beaucoup
de shampooing pour ça,
je me lave les cheveux
vigoureusement,
calmement,
je me lave les cheveux
pour que ça disparaisse
mais ça revient toujours
le fou rire ou la peine,
le sel sur les joues.
Pourtant je me lave les cheveux
et c'est bien écrit sur la bouteille :
        « no more tears
        finies les larmes »
Et toujours pourtant le goût de rire
de pleurer revient,
la blessure sur la beauté du temps,
le sel sur les joues :
        « No more tears
        Finies les larmes ».

Arracher le filet de gardien de but à la glace, à la neige lourde de la pluie de mars. Aligner sous le patio les tapis fous, les soucoupes glissantes, les traînes sauvages apprivoisées, les moules à blocs de neige gonflés par l'ennui, les petites pelles rouges en plastique, les vieux hockeys fêlés enrubannés jusqu'au coude, les rondelles molles comme des grains de beauté sur la neige granuleuse qui s'affaisse.

Casser la glace. Briser pour le printemps la glace. Creuser des rigoles vers la rue. Drainer tout l'hiver à coups de pic en quelques jours. La glace de la patinoire derrière la maison déjà languit et se morfond. Les enfants le soir ne vont plus rire et glisser sous la lune, sur la lune dans la glace.

Je pense aussi qu'une autre saison s'achève et l'encre de ce ruban se fait rare. Les cloches de l'église voisine annoncent des funérailles.

Les enfants lèvent les yeux vers la maison d'oiseaux qui attend dans l'érable. Ils chantent. L'eau aussi dans les rigoles.

(Salut Nicolas !)

Les oiseaux aperçus par l'enfant sur l'asphalte de la route, qui d'autre les voit ? Les oiseaux du petit Nicolas, « les oiseaux comme dans les dessins, là ! », qui les voit ? Qui d'autre que lui les suit tout le temps que dure la promenade ?

Les oiseaux dans l'ombre des fils électriques sur la route, les ailes presque verticales, de grands oiseaux incroyables, lignes courbes, régulières. Ailes fixes, ces oiseaux avancent pourtant à la vitesse du soleil, exactement, et traversent la route on ne peut plus lentement, l'ombre d'un mouvement, sans jamais perdre une plume, ni un temps.

Pour dessiner une fraise de mémoire il faut commencer par se souvenir exactement du goût. Le goût, la saveur de la première fraise du mois de juin. L'apercevoir dans l'un des rangs du jardin à l'Acadie, la première de toutes qui a mûri, rougi, sucri et goûti ; sentir sa chair à l'avance dans la bouche, avant même de la toucher, de la prendre entre le feuillage, avant de la porter aux lèvres, c'est là, juste à ce moment que la première fraise de l'été a le plus de sucre, le plus de douceur, le plus de fraîcheur ; la toute première fraise du tout dernier été — j'en veux d'autres, j'en veux d'autres — celle qui a le mieux mûri, celle qui a goûti le soleil et s'est laissé touchi par lui, celle qui a rougi aussi.

Apparemment sans raison, comme ça au beau milieu de la nuit, un visage apparaît dans la lumière éclatante du rêve :

« Bonjour, petit. Viens tout près. Laisse tes choses sur le pupitre. Je vais te prendre et te bercer. Je suis la maîtresse d'école et tu peux placer ta tête dans mon cou. »

Ton visage doit sourire et tout est rassurant autour de toi, femme, mais tu n'as pas de traits, tu n'as pas de traits du tout et je ne sais pas vraiment qui tu es. Pourtant ton nom est écrit dans mon corps car je te connais par cœur. Femme qui berce ma tête dans tes cheveux-chaleur, dans ton cou-cachette et tout ton corps caché.

Un visage, avant, pouvait surgir du cauchemar,
les yeux d'un homme doux, son nom,
calmait la nuit tourmente
et sur l'épaule sa main,
l'amour inconditionnel,
comme la certitude du lit pour dormir
au bout de l'extrême fatigue :
                    « Tu peux compter sur moi,
                    fiston. Juré craché ! »
Le bon numéro. Nous avons tiré le bon numéro.

Maintenant,
les visages évacués du mauvais rêve,
les yeux sortis de la tête,
la parole morte,
il ne reste dans les draps de la nuit noire
que les chiffres du Mini Loto,
le bonheur de un jusqu'à dix
et l'ennui de neuf à cinq.
Il ne reste dans la prière des marchands
que les indulgences plénières du 6/36
et pour dix piastres, deux tirages,
la promesse d'une vie meilleure.
                    « Je mets mon espoir dans le Seigneur
                    Je suis sûr de sa Parole. »

Dans les matins de passe-roses
quand les enfants flottent
        dans le rêve du vent doux,
tous les écumeurs, tous les boucaniers,
avant l'abordage,
vissent leur jambe de bois
et ferment d'avance un œil
sur les mauvais coups de la journée.

Fréquenté par un geai bleu
au secret de l'aube
qui chante la bouche pleine
jusqu'au crépuscule :
un rêve de framboisier.

Place du marché à Ottawa. Bytown.

Samedi matin du début de l'automne, du débit de la lumière et des feuilles qui frissonnent.

Les peupliers tenaces par la fenêtre de la cuisine attendent de pied ferme les nuits froides de septembre.

Place du marché à Ottawa. Bytown.

La plus belle annexe de l'été.

Qui vend l'air parfumé aux feuilles d'automne ? Un étal pour l'air plein les poumons.

Qui vend la lumière tendre de l'aube ? Un étal pour les images bleues, jaunes et blanches, douces sur la rétine.

Qui vend le goût d'ouvrir grande la porte sur les fleurs du jardin ? Un étal pour les globules et les glaïeuls rouges.

Qui vend l'idée du piment rouge, la paix cachée dans un champ de citrouilles ? Un étal pour la salive qui afflue brusquement et le cœur qui ne force plus.

Qui vend la musique des fruits frais et la saveur des voix sur la place ? Qui célèbre la terre généreuse, la saison qui coule sur le menton ? Un étal pour la vie en gerbes, en minots, en fines herbes, en sacs, plein le camion, la vie en vrac, au détail ou en gros, la vie en grammes ou au kilo. Un étal pour la vie plein les yeux, les poumons, les veines, plein la place du marché. Ottawa. Bytown.

A Wakefield, il y a une vieille locomotive qui se laisse tourner la tête par la Gatineau.

A Wakefield, il y a un pont couvert où les souhaits se réalisent sur le dos de la Gatineau.

A Wakefield, il y a des trains de bois sur l'eau et d'autres en fer sur terre qui ne supportent pas l'humidité.

A Wakefield, les hommes forts, les anciens cageux, les Jos Montferrand, les hommes morts, les aïeux, sortent la nuit leur tête d'entre les billots, de loin dessous l'eau, et pleurent sur les pitounes de la Gatineau, pleurent sur le bois flottant du pays à la dérive, le bois des allumettes Eddy, du papier-cul et des journaux épais, des annonces classées dans le classeur de l'insignifiance, pleurent sur le bois flottant du pays à la dérive, sur la Gatineau fatiguée.

A Wakefield, un vieil homme rouge chauffe tout le pays avec un poêle à bois qui mange un seul billot durant tout l'hiver. Un vieil homme en chaise roulante décide au début de septembre de l'hiver qu'il fera : il choisit le billot et détermine ainsi la durée du froid, tourne à sa guise la clef du tuyau, règle le débit de l'air et l'appétit du poêle. Cet homme fait l'hiver comme d'autres font la pluie et le beau temps. Quand la Gatineau tremble et vieillit en novembre, quand elle gèle et s'ennuie de l'été, il chauffe sous la neige, sous la glace, tout l'espace, toute la place.

A Wakefield, un vieil homme, dès septembre, entretient dans son poêle l'idée du printemps, le chant de la Gatineau, la passion, la nouvelle, la jeune rivière, l'eau toujours naissante, encore une fois avril et la crue, la ferveur. Une jeune femme sort de son lit, une autre et toujours la même, toujours la même foi, le même désir, une femme toujours jeune en avril, la Gatineau, sort de son lit et coule.

A Wakefield alors, il y a une locomotive qui revient, qui la suit, la longe, la caresse et se laisse enfin tourner la tête par la Gatineau.

Le pluvier s'excite et se donne en spectacle. Le héron, immobile, se fixe au décor et disparaît sans faire un seul mouvement. Parfois, il entraîne avec lui le kildir comme c'est le cas ce matin et il ne reste alors que la grève et le fleuve. Et même le fleuve, incroyable, se retire en son centre, se recroqueville, se ride un peu sur le sable de l'Anse-aux-Coques et ratatine en suivant le vent doux qui l'invite au large. Les hirondelles des sables le caressent et sortent rapidement du tableau.

Des pierres lentement émergent. Chacune présente au soleil encore bas une offrande. Les coqs partout chantent et pourtant c'est le silence. Une jeune femme avec un transistor cherche où s'étendre. Lorsque c'est fait, le sable aussitôt la boit, l'avale. Il ne reste que son maillot sur la plage. Des cormorans ouvrent les ailes en croix un moment et se taisent.

Le soleil monte un peu, hisse sa grosse figure au-dessus du clocher et pose. Le vent tombe un instant. Alors, tout s'imprime sur la plaque du vieil appareil. Aucun mouvement, pas de flou sur la photo, respiration suspendue, silence autour de chaque pierre. Un tout petit déclic. Vraiment ça fera un beau souvenir.

Il y a quelques années quand les oiseaux passaient
par grosses bandes dans le ciel, les enfants appelaient
ça un mariage d'oiseaux.

Tout change avec le temps.
Les oiseaux maintenant se marient peu,
et les gens et les gens
ils vont par trois ils vont par deux,
plusieurs aussi sont facétieux,
préfèrent deux ailes à une queue.

Tout change vraiment.
Les oiseaux maintenant se marient peu.

Tout dans le petit jardin respire la paix et la chlorophylle. Des arbres, des fleurs, du gazon, la haie de chèvrefeuille et la vigne bien rangée sur la tonnelle. Le papa, pipe éteinte à la lippe, bien calé dans sa chaise longue attend ses deux enfants qui avancent vers lui la bouche grande ouverte. Ils doivent chanter que c'est à son tour de se laisser parler d'amour. La petite fille lève les bras au ciel et le petit garçon lui présente un cadeau bien enveloppé dans un papier aux motifs de tondeuse à gazon. La maman les pousse gentiment vers leur père et s'apprête à servir une limonade à la limette.

Il y a malheureusement un peu de sauce à spaghetti sur les cheveux de la mère et sur la gloriette. Celui qui voudrait garder en souvenir ce napperon de la Fête des Pères en demandera un neuf à la serveuse du restaurant Da Giovanni.

Les gens reviennent de la messe, tête baissée contre le vent. Ils pensent au café chaud qui les attend et à la visite des enfants. Le bon vent qui les amène. C'est dimanche : un bon rôti, un pot-au-feu, un bon bouilli, disait Marie-Rose, un gros rouge, un petit blanc. On se fait de la musique, des souvenirs, on se fait de la visite, on parle de maigrir, on sort les casse-tête de deux mille morceaux, on sort les vieilles lettres et les vieilles photos. Les jeux de patience sous l'horloge, le canasta, le paquet-voleur, le parchési, les dés brassés, les dés jetés...

Les enfants aussi dehors cherchent un chemin vers le bonheur. Les serpents, les échelles, un verre de bière sur le jeu de marelle.

Le printemps arrive à 17 h 00 — plus chaud plus rouge que le Père Noël. Il n'arrive toutefois pas chez Eaton et personne ne le traîne sur un char dans les rues de Toronto. Il descend tout simplement dans la cour, sur les parterres de vieille neige sale. Il arrive avec les enfants fous qui sortent leur bicyclette. Il arrive et passe par le tambour, le solarium et trouve que ce joli nom convient tout à fait à la pièce. Et il mange toute la neige. Le beau salaud. Le gros cochon. Il mange toute la vieille neige sale avec ses doigts. Les enfants l'encouragent en regardant l'eau et la boue sur les vêtements. Officiellement, le printemps arrive à 17 h 00, tout crotté, tout mouillé. Hâtif ou en retard, il n'a jamais le temps de se changer. Tardif ou de bonne heure, c'est un enfant mal élevé, mal éduqué, débraillé ; un ours mal léché qui sue, qui pue. C'est pourquoi il apporte toujours des fleurs.

Le soir venu, les enfants couchés,
les vieux corbeaux et les vieilles fées
cousent cousent la martingale
au large manteau du rêve.

Je ne sais trop ce que pensent les perce-neige de la pluie qui tombe. Ils poussent depuis fin février, lentement, lentement pendant deux jours, deux heures, puis s'arrêtent pour observer le froid comme d'autres observent le silence, puis deviennent froids, morts et très majoritaires. Mais la petite tige, le cœur de la petite tige des perce-neige reste chaud et fidèle à la consigne qu'on lui a donnée il y a très longtemps. Les perce-neige croient au printemps même avec six pouces de neige sur la tête ou sous la pluie glacée de mars. Ils croient en eux aussi. Ça aide. Ils cessent parfois de pousser et laissent l'hiver se présenter en rappel dans une salle déserte, l'hiver se prendre pour l'éternité. Les perce-neige s'arrêtent souvent mais repartent toujours une fois de plus. Je pense fort ce matin aux perce-neige, aux myosotis et à grand-mère Rosa. Il pleut, il neige ; les petits perce-neige toujours poussent, silencieux, tenaces, fidèles et pieux, convaincus de la vie. C'est pour ça qu'ils sont invariables.

TABLE DES POEMES

Un enfant joue 11

Récits journaliers

Il porte un veston 17
Devant la résidence 19
Assis sur un banc 21
Tôt le matin 24
Complexe Desjardins 26
Dans tous les villages 29
Au kiosque de renseignements 31
L'été, un inconnu 33
Sur la rive 35
L'édifice désaffecté 37
Un homme solitaire 39
Parler de tout 41
Décembre, peu avant Noël 43
Des curieux, des flâneurs 45
« Pièce pour flûte seule » de Jacques Ibert 48
Après avoir préparé un voyage 50
Sur la terrasse Dufferin 53
Place Desjardins, le midi 55
Un homme usé 57
Place d'Armes 60
Le fleuve est magnifique 61
C'est un jongleur extraordinaire 63
Les deux otaries 65

En réalité

Nous sommes les personnages 71
Les photos de demain 74
L'air se raffermit 76
Deux jeunes enfants 77
La chose est connue 78
Une autre neige 81
Vent raide mort 82
Une tranchée dans chaque rue 83
Le parc voisin 84
La rivière à la pluie 85
A quel calendrier 87
Sur l'étroite passerelle 88
Le pont-levis 90
L'eau d'avril 91
Déçu par une photo 92
Des mamans, des papas 93
La rue Laurier 95
La vie n'est pas d'abord 97
Débarras du rêve 100
Tous les camions 102
Dans la ville un vieillard 103
Une belle nappe de lin 104
Pourtant 105
Arracher le filet 106
Les oiseaux aperçus 107
Pour dessiner une fraise 108

Apparemment sans raison 109
Un visage, avant, pouvait surgir 110
Dans les matins de passe-roses 111
Fréquenté par un geai bleu 112
Place du marché à Ottawa 113
A Wakefield 114
Le pluvier s'excite 116
Il y a quelques années 117
Tout dans le petit jardin 118
Les gens reviennent de la messe 119
Le printemps arrive à 17 h 00 120
Le soir venu 121
Je ne sais trop ce que pensent les perce-neige 122